Vamos a explorar

HOUGHTON MIFFLIN

BOSTON

Printed in the U.S.A.

ISBN 10: 0-54-734521-6
ISBN 13: 978-0-54-734521-5

2 3 4 5 6 7 8 9 10 0868 19 18 17 16 15 14 13 12 11 10
4500267994

Contenido

El hueso de Marco

por Aiztinay Ticino

ilustrado por Linda Chesak-Liberace

Marco está dormido. A Marco le
gusta dormir. Es hora de despertarse.

—¡Marco! Tengo un hueso para ti
—lo invita Martín.
Marco toma el hueso.

Marco sale. Marco corre en
círculos bajo las nubes. ¡Este es el
lugar perfecto!

Marco cava y rompe la superficie.
Aquí enterrará su hueso porque
es un lugar seguro.

¿Qué es eso? ¡Caramba! ¡Es un
hueso enorme! No es liviano.

Marco corre a casa para buscar
a Martín.

Martín ayudará a Marco a sacar
el enorme hueso.

Martín ayuda a Marco a sacarlo.
Usa un carrito para llevarlo a casa.
Ambos están muy felices.

¿Quién dejó el enorme hueso en
la arena? Ellos lo investigarán.

El burro de Margarita

por Aiztinay Ticino
ilustrado por
Jackie Snider

Margarita tiene un burro. Es
un burrito divertido. El burrito la
lleva a todas partes.

Margarita es liviana. Ella se
monta en el lomo del burrito. El
burrito la lleva a casa.

—¡No, burrito, no! —dice
Margarita—. No te detengas.
Es importante cruzar este campo y
llegar a casa.

¡Caramba! El burrito no hace nada.

Margarita mira el burrito. El
burrito mira a Margarita.

—Levántate, burrito —invita
Margarita.

El burrito no hace nada.

Margarita toca música. Ella compone un mambo.

El burrito escucha las notas musicales y Margarita marcha.

Margarita se aleja más y más
del burrito.

Margarita marcha y marcha por
el campo.

Al burrito le gustan las notas
musicales. El burrito se acerca a
Margarita.

Margarita sigue tocando. Ambos caminan al ritmo del mambo. Ellos llegan a casa muy felices.

Una nota importante

por Aiztinay Ticino

ilustrado por Diana Schoenbrun

Rafa sale. Sigue en bicicleta por el campo. Rafa lleva tres notas importantes.

19

Rafa llegó a la casa de Martín.
Rafa dejó la nota importante en el
porche.

Martín despertó. Martín leyó la
nota importante. Luego, se puso
los calcetines.

Marta despertó. Marta leyó la nota importante. Luego, se puso un vestido.

Humberto despertó. Humberto
leyó la nota importante.

Luego, se cepilló los bigotes.

Amigos:

Los invito a

pasarla bomba

en el lago. Deben

traer comida.

-Rafa

Martín, Marta y Humberto llegaron
al lago.

—Les contaré un chiste —dijo Rafa.

Ellos inventaron muchos chistes.
Al regresar a casa estaban muy
felices.

¡Qué bonita foto!

por Aiztinay Ticino

A Marta le gusta tomar fotos.
Por eso lleva una cámara.

Marta ve dos cochinitos
chistosos. Ambos están felices.
¡Qué bonita foto, Marta!

Marta ve estos perritos
juguetones. Marta usa su cámara.
¡Qué bonita foto, Marta!

Marta ve dos gatitos.

Ambos están dormidos.

¡Qué bonita foto, Marta!

Marta ve un ave.

¡Caramba, Marta! ¡Toma la foto antes de que se vaya volando!

Marta ve un burro en el campo.

—¡A posar, burrito! —dice Marta.

¡Qué bonita foto, Marta!

Marta ve dos patitos.

Ambos nadan por todas partes.

¡Qué bonita foto, Marta!

Marta invita a su amigo Berto a su casa. Marta le toma una foto.

—Te mostraré la foto —le dice Marta.

—¡Qué bonita foto! —dice Berto.

¡Sabemos mucho!

por Lorenzo Lizárraga

La mamá de Glenys le enseña cómo colocar una semilla. Glenys va a regar su semilla todos los días. Luego nacerá una flor.

La señora Plata le enseña a Clara cómo tocar música. Tocar música es importante para Clara. Tocar música no es imposible.

El papá de Clemente le enseña a
nadar. ¡Mira cómo flota en el agua!
Para Clemente, nadar es un placer.

Pablo Pérez les enseña a los
niños las reglas del fútbol. Pablo les
dice que es importante ser amigable
en el campo de juego.

Flora es la mamá de Martín
y Memo. Ella les enseña a hacer
galletas. Flora ayuda a Martín con
la masa. Martín está seguro de que
combinó todo.

Marta ayuda a su mamá a lavar
el auto. Marta usa un paño. El auto
quedará como nuevo.

Marco y Nino van de pesca. Es
un día claro y hay mucho sol. ¡Es el
día perfecto para pescar!

Gladys invita a Carlos a su casa.
Ella le enseña a jugar. ¡Ambos la
pasan bomba!

Plaf, plaf

por Lorenzo Lizárraga
ilustrado por Karen Stormer Brooks

¡Plaf! Una gota cayó en la
cabeza de Memo Flores.

—No puede ser —dijo Memo—.
Solo hay una nube blanca.

Cayeron más y más gotas.

—Caramba —dijo Memo Flores—.
Quizás esté imaginando el agua.

—¡Claro! —dijo Memo—. El agua está saliendo de la manguera. Memo estaba casi seguro. Memo quiso investigar.

Memo Flores llegó a un árbol.

—¿Clara? —dijo Memo—. Tú
conoces las reglas. No puedes
echarle agua a tu hermano.

—¡Te mojé, Memo! —dijo Clara.

—Necesitas ser más amigable
—dijo Memo—. No debes hacerlo
de nuevo.

—Hay muchas hojas. Tengo
que recogerlas. ¿Me ayudas? —dijo
Memo.

—Sí, claro que sí —dijo Clara—.
Es un placer ayudarte.

—Vamos a cantar —dijo Clara.

—¡Claro! —dijo Memo, y los
hermanos Flores empezaron a cantar.
¡La pasaron bomba!

—Me ayudaste mucho, Clara
—dijo Memo después de terminar.
—Me gusta ayudarte, hermano
—dijo Clara.

En la playa

por Aiztinay Ticino
ilustrado por David Sheldon

¡Hola! Soy Flora. A Pablo
y a mí nos gusta ir a la playa.
Vamos cada fin de semana.
¡Cómo nos divertimos!

51

A veces jugamos con globos.
Mamá nos sirve gelatina, plátanos y
sándwiches. ¡La pasamos bomba!

Después, Pablo y yo caminamos
por la orilla. Es un día claro.
Vemos las aves. Parecen flotar
encima de las nubes. Buscamos
caracoles. ¡Hay muchos en la playa!

Luego, nos sentamos en la arena. No nos metemos al mar. El agua llega hasta la orilla.

Hacemos hoyos en la arena.
Luego llega una ola y los hoyos
desaparecen. Después nos
contamos chistes. ¡Qué divertido!

Hay mucha arena mojada en la
playa. Usamos la arena para hacer
una ballena enorme y la llenamos
de caracoles.

Corremos y saltamos cerca de
la enorme ballena.

Es hora de ir a casa, pero
no estoy de mal humor. En una
semana, vamos a viajar a la playa
de nuevo.

El cántico del emperador

por Diana Flores
ilustrado por Valerie Sokolova

—Me encanta cantar —dijo el emperador Gloru a su esposa—. No hay nada más importante que cantar.

Su esposa se sentó a escuchar.

El emperador Gloru empezó a
cantar, pero no pudo.

—¡Imposible! —exclamó el
emperador.

—Quizás un pájaro de finas
plumas pueda enseñarte un cántico
nuevo —dijo su esposa.

El emperador quiso ser flexible.
Él invitó a todos los pájaros del
campo a su casa.

Vino un pájaro rojo. Vino
un pájaro rosado. Ambos de
plumas muy finas. Pero no
cantaban.

Después, llegó un pájaro
flaco con finas plumas de color
verde. Cantó un bello cántico.
Al emperador Gloru le gustó.

—Al emperador Gloru se le olvidó su cántico. ¿Puedes enseñarle el tuyo? —preguntó la esposa del emperador.

—¡Seguro que sí! —dijo el pájaro flaco.

—Le enseñaré una parte de
mi cántico todos los días —dijo el
pájaro flaco.

Su amigo emplumado le enseñó el
cántico en una semana. El emperador
empezó a cantar de nuevo. Al
escucharlo, las personas aclamaban.

Una fruta sabrosa

por Diana Flores

Las uvas son una fruta sabrosa. Las uvas parecen globos pequeños. Algunos niños comen uvas después de la comida.

Las uvas crecen en una vid
o enredadera. Algunas uvas son
verdes. A veces son blancas,
rojas, azules o negras.

Estas filas de matas crecen en el suelo. Estas matas dan uvas. Las matas necesitan agua y mucho sol para crecer.

Las uvas tardan mucho en crecer.
Primero, hay que esperar. Después,
es hora de trabajar. Clemente ayuda
a su padre a recoger las uvas.

Las personas recogen las uvas maduras. No hay máquinas para recogerlas. ¡Recoger las uvas a mano es mucho trabajo!

Los camiones llevan las uvas
y otras frutas directamente a los
mercados. Agradecemos a los
granjeros por las frutas frescas.

¿Ves las frutas frescas en
este mercado? ¿Cuál es tu fruta
preferida?

73

A Griselda le encantan las uvas.
A Flor le da hambre. Griselda
comparte sus uvas. Flor está
agradecida.

¿Qué podemos hacer?

por Mandy Jackson
ilustrado por Nicole Wong

El clima está bueno. Pero hace mucho calor.

—¿Qué podemos hacer?
—pregunta Francisco.

Grecia dice: —No podemos
nadar. Está cerrada la playa. A
veces, mis primos Flora y Cristino
vienen a jugar. Pero hoy trabajan.

PINTURA
FRESCA

—No podemos jugar en el porche
—dice Francisco—. Tiene pintura fresca.
¿Qué podemos hacer?

—Podemos leer tu libro, Francisco
—dice Grecia—. Primero, puedo leer
yo y después puedes leer tú.

—Me gusta este libro —dice
Francisco—. Se trata de tres cochinitos.
Hay un lobo grande que sopla y sopla.

—Me gusta este libro —dice
Grecia—. A veces puedo soplar
como el lobo grande. ¡Mírame!

—¡Yo soy el lobo grande! —dice
Grecia, muy dramática—. Soplaré y
soplaré. Tumbaré tu casa al suelo.
    —¡Qué divertido! —grita Francisco.

Grecia sopla y sopla. Francisco corre como los cochinitos del libro.

—Soy el lobo grande —dice Grecia, y corre tras Francisco.

En vez de jugar bajo el sol, Francisco y Grecia la pasan bomba adentro.

El perro de Bruno

por Lorenzo Lizárraga
ilustrado por Shirley Beckes

—Frido ha crecido —dice
Bruno—. Ya puede hacer trucos.

—Quédate sentado, Frido —dice Bruno.

Primero, Bruno camina un poco.
Frido ladra y ladra, pero se queda sentado. Él sigue las reglas.

—Ven, Frido —dice Bruno.

De pronto, Frido corre tras algo.

—Lo tengo que atrapar —dice
Bruno.

Bruno sigue los ladridos de Frido.

Bruno corre tras Frido. Papá
corre tras Bruno.

—¡Quédate sentado, Frido!
—grita Bruno. Frido hace caso.

—¿Habrá escuchado ladrar
a un perro? —pregunta Papá—.
¿Tendrá hambre?

—Vamos a ver —dice Bruno.

87

Frido llega primero. Un perrito
está debajo de una planta. Se
alegra cuando ve a Frido. Frido
también se alegra. Los dos perros
ladran muy felices. Ahora todo
está claro.

—¿Qué le pasa al perrito?
—pregunta Bruno—. ¿Tendrá frío?

   —Hay un problema —dice
Papá—. El perrito está perdido.

¡Hola! Soy el
perrito de
Milagros.
555-1234

—Mira esta placa —dice
Papá—. El nombre de su dueña
es Milagros. Primero, le daremos
comida y después llamaremos a
Milagros.

¡A comer!

por Lorenzo Lizárraga
ilustrado por John Segal

Clara termina su trabajo en la
cocina. Llega la hora de cenar.
Clara lleva la carne de la cocina.
—Iré por Frido —dice Clara.

Entra Florinda. Ella lleva una
olla de arroz de la cocina. Pone la
comida sobre un plato. El perrito
espera debajo de la mesa.

"A Clara le gusta el arroz", se
dice Florinda.

Después, entra Bruno. Él lleva
una olla de frijoles de la cocina.
Bruno pone los frijoles en un plato
grande.

"A Frido le gustan los frijoles", se
dice Bruno, y regresa a la cocina.

Luego, entra Gladys. Ella llena
los vasos con jugo de frutas.

"A Clara le gusta el jugo de
frutas", se dice Gladys, y regresa a
la cocina.

Clara y Frido regresan a la mesa.

—¡Qué rica comida! —exclama
Frido—. ¿Quién podrá comérsela
toda?

—No hice tanta comida —dice
Clara—, pero sé quiénes nos ayudarán
a terminarla.

Clara escribe una nota:

Los invitamos a cenar.
¡Lleguen pronto!

¡Les agradecemos!
Clara y Frido

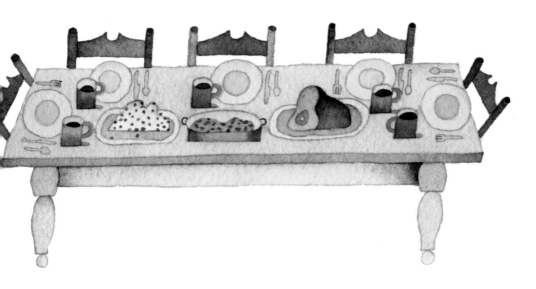

Clara pone cinco platos grises
y cinco vasos rojos sobre la mesa.
Frido va por Florinda, Bruno y
Gladys.

Frido, Clara, Florinda, Bruno
y Gladys disfrutan de una comida
agradable.

    —Los frijoles están ricos, Bruno.
¿Me das tu receta? —pregunta Clara.

    —¡Claro que sí! —dice Bruno.

¡Está nevando!

por Shira Alami
ilustrado por Jaime Smith

Es un día de invierno. ¡Está nevando! Copos blancos cubren los árboles.

Nevó mucho durante la noche. Ahora Francisco se levanta. Ve que está nevando. Francisco brinca en su cama. Está muy contento.

Francisco corre a despertar a
su hermana.

—¡Brenda, Brenda! ¡Levántate!
—grita Francisco —. Anoche nevó.

Brenda se levanta.

—Podemos ponernos gorros y abrigos, y pronto podremos salir a jugar —dice Brenda.

Francisco y Brenda corren y
dan brincos, y hablan de los copos
de nieve. Los copos son blancos
como la crema. Francisco hace
ángeles en el suelo nevado.

Francisco hace un perrito con
los copos blancos. Brenda le pone
un listón.

—Ladra, perrito, ladra —dice
Francisco en broma.

Brenda y Francisco se ríen.

Brenda habla: —Terminamos
de jugar. Debemos entrar porque
hace frío.

—Está muy bien. Vamos. Tengo
frío —dice Francisco.

—¿Jugaron mucho? —pregunta
Mamá. Ella les lleva dos tazas de
chocolate.

—¡Estuvo muy divertido!
—exclama Francisco.

El trabajo de Gris

por Clemente Barragán
ilustrado por Susan Lexa

—Vamos, Gris, tenemos un
trabajo que hacer —dice Trini.
Gris mira los panqueques.
A Gris le gustan los panqueques.

Pero Gris no puede comer
panqueques, solo comida para
perros. Trini llena cada tazón con
agua y comida.

—Tranquilo, Gris —se ríe Trini—.
Te cepillaré. Muy bien, estoy por
terminar. Muy pronto nos iremos
a trabajar.

Trini se pone su chaqueta. Gris
cruza la sala para acompañarla.
—Nos espera el trabajo —dice
Trini.

Por el camino, Gris y Trini ven
a Fredi y a su perro Chispa. Gris
y Chispa ladran muy contentos.

—Vamos, Gris, tenemos prisa
—dice Trini.

Trini se para y habla con Katrina.
Trini y Katrina platican y se ríen un
ratito.

Después, Trini y Gris siguen su
camino al trabajo.

Trini y Gris llegan a su trabajo.

Gris espera y Trini toca el timbre.

El señor Franco contesta el timbre
y dice:

—¡Buenos días!

El trabajo de Gris es ayudar
a sus amigos. Gris puede brincar
y hacer otros trucos. Sus amigos se
ríen. Gris los sorprende con todas las
cosas que ha aprendido.

La **caja** de **Aba**

por Frances Berry
ilustrado por Judith Lanfredi

Aba y yo tomamos leche fresca y comemos galletas con crema.

—¿Qué podemos hacer? —le pregunto.

—¡Hagamos muñecas de papel! —exclama Aba.

—Muy bien, Aba —exclamo yo.

Aba y yo hacemos muchas muñecas de papel. Pronto, tenemos un montón de muñecas.

—¿Podemos jugar? —le pregunto.

—¡Excelente idea! —dice Aba—. Tengo muchos disfraces.

Aba me enseña una caja llena de
ropa. Hay chamarras, sombreros,
listones y otras cosas. Estoy
sorprendida con todas las cosas que
Aba tiene en su caja.

—¡Qué bonito vestido, Aba! —le
digo yo—. Póntelo.

—¡¡Sí!! —responde ella, saltando
de alegría.

Aba se prueba el vestido y se
para frente al espejo.

—Me queda muy grande —dice
Aba riéndose.

Vuelvo a poner el vestido en la caja
y saco un sombrero verde.

—El sombrero va con el vestido
—dice Aba—, pero creo que también
me queda grande.

Mamá y Carlos entran. Aba le dice
a Carlos que busque un disfraz en la
caja. Carlos encuentra un sombrero y
un chaleco gris.

Carlos se pone el chaleco y el
sombrero. Carlos se ríe.

—Nos vemos muy ridículos —dice Aba.

Este día, Aba y yo nos divertimos mucho.

122

Viajar en barco

por Lorenzo Lizárraga

El barco ya llegó. ¡Es hora de viajar! ¿Te gusta viajar en barco?

Este barco tiene velas. Las velas
parecen de papel, pero son de tela.
Las velas blancas ayudan al barco a
moverse en el agua.

La puedes pasar muy bien en un
barco velero. Debes usar un chaleco
salvavidas. Este chaleco te protege.

Esta balsa es un barco plano.
Esta balsa no tiene velas. El agua
hace el trabajo de empujarla. Las
balsas pueden llevar a las personas
y otros tipos de carga.

Esta es una balsa, pero es
diferente. Esta balsa es de goma.
Es divertido deslizarse sobre las olas
blancas en esta balsa.

Este bote no tiene velas, ni es
una balsa. Este es un bote de remos.
En este bote, hay dos hombres. Ellos
usan los remos para avanzar y no
solo flotar.

Wilfredo rema primero con su
mano izquierda, luego con su mano
derecha. Muy pronto, su bote irá
rápido por el agua.

¡Este barco es enorme! ¡Tiene piscinas, comedores y hasta cines! Podrás cruzar el mar en este barco. ¡Viajar en este gran barco es espectacular!

Hora de dormir

por Lorenzo Lizárraga
ilustrado por Yvette Banek

Llega la hora de dormir. Joaquín
no quiere dormir. Joaquín quiere
jugar y ganar.

Joaquín tiene ocho años. Ya
sabe leer el reloj. Papá tiene una
regla sobre la hora de dormir. Entre
semana, Joaquín tiene que ir a
dormir a las ocho.

Joaquín sube las escaleras con
Cloe. A Joaquín le gusta estar con
Cloe. A Cloe le gusta estar con
Joaquín.

Cloe observa a Joaquín. Joaquín
se asea. Él se lava la cara y usa
una toalla para secarse.

—Creo que debes salir de la tina,
Cloe —dice Joaquín—. No quiero
que Mamá te vea en la tina.

Joaquín se mete en la tina.

Joaquín trata de sacar a Cloe.

—Vamos, Cloe, no seas payasa
—dice Joaquín.

Cloe solo se ríe.

Joaquín por fin se mete en la
cama. Su mamá abre la puerta y le
lee un libro. Cloe trata de subirse a
la cama, pero se cae.

Cloe no puede subirse a la
cama, pero tiene una alfombra al
lado. Cloe escucha y Mamá termina
de leerle el libro a Joaquín.

Joaquín está dormido. Se
imagina que da un paseo en un auto.
Cloe está dormida. Se imagina que
trepa un árbol como un koala.

El paseo de Panqueque

reescrito por George O'Neal
ilustrado por Carol Koeller

Cloe y Beatriz Báez se levantan al amanecer. Ponen una sartén sobre la estufa y hacen un panqueque grande.

Cloe y Beatriz Báez se ponen a
pelear. ¡No lo van a creer! Pero el
panqueque se levanta de un brinco.

Después, Panqueque sale por la puerta. Cloe y Beatriz corren tras Panqueque, pero no lo ven más.

Panqueque baja por una colina,
y ve una oveja.

—¡Te veo! —dice la oveja—. Te
atraparé.

—No seas tontita —dice
Panqueque—. Pero si quieres,
puedes probar.

Pasando el molino, Panqueque ve
una cabra.

—Te atraparé —dice la cabra.

—No creo —dice Panqueque—.
Pero si quieres, puedes probar.

143

Panqueque jadea. Necesita una toalla para secar su sudor.

"Me cansé", se dice Panqueque. "No lo puedo creer".

De pronto, llega un zorro viejo.

—¿Adónde vas, amigo? —pregunta el zorro.

—Lejos —responde Panqueque.

—No te escucho ni te veo bien.
Acércate a mí —dice el zorro viejo.

—No me caes bien —dice
Panqueque, y se va de prisa.

Panqueque se sube a un barco
velero. Usa el barco para escapar del
zorro. Panqueque da un gran paseo
por el mar, y no regresa nunca más.

El paseo en velero

por Mary Martinez

ilustrado por Benrei Huang

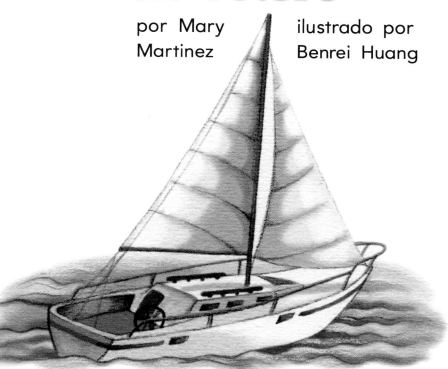

Mi mamá tiene un gran barco blanco. No es un barco viejo. Es un velero. A mi mamá y a mí nos gusta pasear en su barco.

El barco se llama Rosa. Me
cae bien ese nombre. Mamá usa
pintura roja para pintar el nombre
del barco. Yo uso pintura verde y
roja para pintar una rosa.

Hoy vamos a dar un paseo en
el barco. Mamá quiere salir
temprano. ¡Así podemos pasear
todo el día! Veo el sol y las nubes.

Como llueve, entramos al barco
y cerramos la puerta. Mamá y yo
jugamos. Después leo un libro.
A Mamá le gusta leer.

El sol sale por el este. Mamá
y yo salimos. ¡Qué aire tan fresco!
Mamá me pide una toalla y yo
saludo a las gaviotas que veo pasar.

El sol está bajando. Veo los
pájaros y las nubes con Mamá.
　　—Quiero que todos los días
sean como este —le digo a Mamá.

El sol baja más y todo tiene un color distinto. Es difícil de creer que el sol puede crear tantos colores.

El sol se esconde finalmente y
sale la luna. El paseo ha terminado
por hoy. ¡Es hora de dormir!

¡Cómo llueve!

por Clemente Barragán

¡Cómo llueve! El agua cae, ¡pero no nos mojamos! Puede que sea divertido brincar y chapotear en los charcos.

Andrea da un paseo con su
perrito. El agua lava el camino
de Andrea.

Andrea ve las gotas sobre las
flores. Las flores necesitan agua
para crecer.

Leonardo y Melibea no quieren mojarse. Caminan por una vieja acera. Su mamá camina tras ellos. Pronto llegarán a casa.

El papá de Leandro lo lleva de
la mano. Leandro usa un abrigo
y botas impermeables. Eso quiere
decir que el agua no pasa a través
del abrigo ni de las botas. ¡Así que
Leandro no se moja!

Como llueve, los niños no salen.
Ellos se quedan adentro. Beatriz
hace un dibujo y Timoteo se pone
a jugar con bloques.

Loa se asoma por el cristal
de la puerta.

—¡Veo el agua! —dice Loa.

El deseo de Loa es que deje
de llover pronto.

El agua no deja de caer y sale el
sol. Loa ve un arco iris en el oeste.

—¡No lo puedo creer! —dice Loa.

Listas de palabras

Para usar con
Vamos a la Luna

El hueso de Marco
página 3

Palabras decodificables
Destreza clave: Palabras con **r** antes de una consonante; palabras con **nv**, **mp** y **mb**: ambos, caramba, círculos, despertar, dormido, dormir, enorme, investigarán, invita, Marco, Martín, perfecto, rompe, sacarlo

Destrezas enseñadas anteriormente: ayuda, ayudará, bajo, buscar, carrito, casa, cava, corre, dejó, ellos, enterrará, eso, felices, gusta, hora, las, lo, lugar, no, nubes, sacar, sale, seguro, su, ti, toma

Palabras de uso frecuente
Nuevas: liviano, llevarlo (llevar), porque, superficie

Enseñadas anteriormente:
aquí, de, el, en, es, está, gusta, la, muy, para, qué, tengo, un, y

El burro de Margarita
página 11

Palabras decodificables
Destreza clave: Palabras con **r** antes de una consonante; palabras con **nv**, **mp** y **mb**: ambos, campo, caramba, compone, divertido, importante, invita, mambo, marcha, Margarita, partes

Destrezas enseñadas anteriormente: aleja, burrito, burro, caminan, casa, dice, ella, ellos, escucha, felices, gustan, hace, las, levántate, llegan, llegar, lomo, monta, música, musicales, nada, no, notas, partes, ritmo, se, te, toca, tocando, todas

Palabras de uso frecuente
Nuevas: liviana(o), lleva (llevar), mira (mirar)

Enseñadas anteriormente: al, divertido, el, en, es, hace, la, muy, tiene, un, y

Una nota importante
página 19

Palabras decodificables
Destreza clave: Palabras con **r** antes de una consonante; palabras con **nv, mp** y **mb:** bomba, campo, despertó, Humberto, importante(s), inventaron, invito, Marta, Martín, pasarla, porche

Destrezas enseñadas anteriormente: al, amigos, bicicleta, bigotes, calcetines, casa, cepilló, chiste(s), comida, contaré, de, deben, dejó, dijo, el, ellos, en, estaban, felices, la, lago, les, leyó, llegaron, llegó, lleva, los, luego, muchos, muy, nota(s), por, puso, Rafa, regresar, sale, se, sigue, un, una, vestido

Palabras de uso frecuente
Nuevas: llevar, traer, regresar

Enseñadas anteriormente: al, de, dijo, el, en, estaban, luego, muchos, muy, tres, un, una, y

¡Qué bonita foto!
página 27

Palabras decodificables
Destreza clave: Palabras con **r** antes de una consonante; palabras con **nv**, **mp** y **mb**: ambos, Berto, campo, caramba, dormidos, invita, Marta, partes

Destrezas enseñadas anteriormente: ave, bonita, burrito, burro, cámara, casa, chistosos, cochinitos, dice, dos, eso, estos, felices, foto, fotos, gatitos, gusta, juguetones, lleva, nadan, partes, patitos, perritos, posar, que, su, te, todas, toma, tomar, usa, vaya, ve, volando

Palabras de uso frecuente
Nuevas: mostraré (mostrar)

Enseñadas anteriormente: amigo, de, el, en, la, qué, un, una

SEMANA 2

¡Sabemos mucho!

página 35

Palabras decodificables

Destreza clave: Sílabas abiertas con grupos de consonantes **bl**, **cl**, **fl**, **gl** y **pl**: amigable, Clara, claro, Clemente, flor, Flora, flota, Gladys, Glenys, imposible, Pablo, placer, Plata, reglas

Destrezas enseñadas anteriormente: ambos, bomba, casa, colocar, combinó, como, cómo, de, días, dice, ella, enseña, fútbol, galletas, importante, invita, juego, jugar, lavar, les, los, mamá, Marco, Martín, masa, mira, mucho, música, nacerá, nadar, niños, paño, papá, para, pasan, perfecto, pesca, que, quedará, regar, semilla, señora, su, tocar, todo, todos, usa

Palabras de uso frecuente

Nuevas: auto, no, seguro(a)

Enseñadas anteriormente: agua, claro, con, de, el, en, es, está, la, luego, para, sol, un, una, y

Plaf, plaf

página 43

Palabras decodificables

Destreza clave: Sílabas abiertas con grupos de consonantes **bl**, **cl**, **fl**, **gl** y **pl**: amigable, blanca, Clara, claro, Flores, placer, plaf, reglas

Destrezas enseñadas anteriormente: ayudarte, ayudaste, bomba, cabeza, cantar, caramba, casi, cayeron, cayó, conoces, debes, dijo, echarle, empezaron, estaba, esté, gota, gotas, gusta, hacerlo, hermano(s), hojas, imaginando, investigar, llegó, manguera, Memo, mojé, muchas, mucho, necesitas, no, nube, pasaron, quiso, recogerlas, ser, sí, solo, te, terminar, tu, vamos

Palabras de uso frecuente

Nuevas: no, puede/ puedes, quizás, seguro, vamos (ir)

Enseñadas anteriormente: agua, claro, de, después, el, en, es, está, hay, la, tengo, un, una, y

En la playa

página 51

Palabras decodificables

Destreza clave: Sílabas abiertas con grupos de consonantes **bl, cl, fl, gl** y **pl:** claro, Flora, flotar, globos, Pablo, plátanos, playa

Destrezas enseñadas anteriormente: agua, al, arena, aves, ballena, bomba, buscamos, cada, caminamos, caracoles, casa, cerca, chistes, cómo, con, contamos, corremos, de, desaparecen, después, día, divertido, divertimos, el, en, encima, enorme, es, estoy, fin, gelatina, gusta, hacemos, hacer, hasta, hay, hola, hora, hoyos, humor, ir, jugamos, la, las, llega, llenamos, luego, mal, mamá, mar, metemos, mí, mojada, mucha, muchos, no, nos, nubes, nuevo, ola, orilla, para, parecen, pasamos, pero, por, qué, saltamos, sándwiches, semana, sentamos, sirve, soy, un, una, usamos, vamos, veces, vemos, viajar, yo

Palabras de uso frecuente

Nuevas: ir, no, viajar

Enseñadas anteriormente: agua, al, claro, cómo, con, de, después, divertido, el, en, es, estoy, gusta, hay, luego, mal, mar, muchos, nos, para, qué, soy, un, una, y

El cántico del emperador

página 59

Palabras decodificables

Destreza clave: Sílabas abiertas con grupos de consonantes **bl**, **cl**, **fl**, **gl** y **pl**: aclamaban, emplumado, exclamó, flaco, flexible, Gloru, imposible, plumas

Destrezas enseñadas anteriormente: ambos, bello, campo, cantaban, cantar, cántico, cantó, casa, días, dijo, emperador, empezó, encanta, enseñarle, enseñarte, escuchar, escucharlo, esposa, finas, gustó, importante, llegó, los, me, nada, nuevo, olvidó, pájaro(s), parte, pudo, que, quiso, rojo, rosado, se, semana, sentó, sí, su, todos, tuyo, verde, vino

Palabras de uso frecuente

Nuevas: no, pueda/ puedes, quizás, seguro

Enseñadas anteriormente: al, amigo, color, con, de, del, después, el, hay, invitó, muy, preguntó, un, una

Una fruta sabrosa
página 67

Palabras decodificables
Destreza clave: Sílabas abiertas con grupos de consonantes **br**, **cr**, **dr**, **fr**, **gr**, **pr** y **tr**: agradecemos, agradecida, crecer, frescas, fruta(s), granjeros, Griselda, hambre, negras, otras, padre, preferida, sabrosa, trabajar, trabajo

Destrezas enseñadas anteriormente: agua, algunas, algunos, ayuda, azules, blancas, camiones, Clemente, comen, comparte, da, dan, encantan, enredadera, esperar, estas, filas, Flor, globos, hora, las, llevan, maduras, mano, máquinas, mercados, mucho, necesitan, niños, parecen, personas, que, recogen, recoger, recogerlas, rojas, tardan, trabajar, uvas, verdes, ves, vid

Palabras de uso frecuente
Nuevas: a veces, comida, directamente, estas, primero, tu

Enseñadas anteriormente: cuál, de, después, el, en, es, está, hay, la, no, para, pequeños, sol, son, una, y

¿Qué podemos hacer?
página 75

Palabras decodificables
Destreza clave: Sílabas abiertas con grupos de consonantes **br**, **cr**, **dr**, **fr**, **gr**, **pr** y **tr**: adentro, Cristino, dramática, fresca, grande, grita, libro, pregunta, primos, trabajan, tras, trata, tres

Destrezas enseñadas anteriormente: bomba, calor, casa, cerrada, clima, cochinitos, como, corre, dice, Flora, gusta, habló, jugar, lobo, me, mírame, mis, mucho, nadar, pasan, pintura, playa, podemos, porche, que, se, sopla, soplaré, tumbaré

Palabras de uso frecuente
Nuevas: a veces, debajo, primero, puedes, tu

Enseñadas anteriormente: al, bueno, de, después, divertido, el, en, está, hace, hay, hoy, la, leer, libro, muy, no, qué, sol, soy, un, y, yo

El perro de Bruno
página 83

Palabras decodificables
Destreza clave: Sílabas abiertas con grupos de consonantes **br, cr, dr, fr, gr, pr** y **tr**: alegra, atrapar, Bruno, crecido, Frido, frío, grita, habrá, hambre, ladra, ladran, ladrar, ladridos, Milagros, nombre, pregunta, primero, problema, pronto, tendrá, tras, trucos

Destrezas enseñadas anteriormente: ahora, al, algo, camina, caso, claro, comida, corre, cuando, daremos, de, debajo, después, dice, dos, dueña, el, él, escuchado, esta, está, felices, ha, habrá, hace(r), hay, hola, las, le, llamaremos, llega, lo(s), mira, muy, Papá, pasa, perdido, pero, perrito, perro(s), placa, planta, poco, pregunta, puede, que, qué, queda, quédate, reglas, se, sentado, sigue, soy, su, también, tengo, todo, un, una, vamos, ve, ven, ver, ya

Palabras de uso frecuente
Nuevas: comida, primero, debajo

Enseñadas anteriormente: al, claro, de, después, dice, el, es, está, felices, frío, hace, hay, mira, muy, pregunta, puede, qué, soy, tengo, todo, un, una, y, ya

¡A comer!
página 91

Palabras decodificables
Destreza clave: Sílabas abiertas con grupos de consonantes **br, cr, dr, fr, gr, pr** y **tr**: agradable, agradecemos, Bruno, disfrutan, entra, escribe, Frido, frijoles, frutas, grande, grises, podrá, pregunta, pronto, regresa(n), sobre, trabajo

Destrezas enseñadas anteriormente: agradable, arroz, ayudarán, carne, cenar, cinco, Clara, cocina, comérsela, das, dice, ella, espera, están, exclama, Florinda, Gladys, gusta, gustan, hice, hora, invitamos, iré, jugo, les, llega, lleguen, llena, lleva, los, me, mesa, nota, olla, perrito, plato(s), pone, receta, rica, rojos, sé, sí, su, tanta, termina, terminarla, toda, va, vasos

Palabras de uso frecuente
Nuevas: debajo comida, tu

Enseñadas anteriormente: claro, con, de, después, el, en, la, luego, no, nos, qué, un, una, y

¡Está nevando!

página 99

Palabras decodificables

Destreza clave: Sílabas cerradas con grupos de consonantes (patrón CCVC): abrigos, árboles, blancos, Brenda, brinca, brincos, corren, cubren, despertar, entrar, Francisco, gorros, listón

Destrezas enseñadas anteriormente: ángeles, ahora, broma, cama, chocolate, contento, copos, corre, crema, dan, debemos, día, dice, dos, durante, ella, estuvo, exclama, grita, hermana, jugar, jugaron, ladra, les, levanta, levántate, lleva, los, mamá, mucho, nevado, nevando, nevó, noche, perrito, podremos, pone, ponernos, pregunta, que, salir, se, tazas, vamos, ve

Palabras de uso frecuente

Nuevas: hablan (hablar), pronto, se ríen (reírse), terminamos (terminar)

Enseñadas anteriormente: con, de, divertido, el, en, es, está, frío, hace, invierno, la, muy, porque, son, tengo, un, y

El trabajo de Gris

página 107

Palabras decodificables

Destreza clave: Sílabas cerradas con grupos de consonantes (patrón CCVC): aprendido, brincar, Chispa, contesta, después, Franco, Gris, otros, sorprende, tranquilo, Trini

Destrezas enseñadas anteriormente: acompañarla, camino, cepillaré, chaqueta, comer, contentos, cruza, días, dice, espera, Fredi, gustan, hacer, iremos, Katrina, ladran, llegan, llena, los, mira, panqueques, para, perro, perros, platican, pone, prisa, que, ratito, sala, se, señor, siguen, solo, tazón, te, tenemos, timbre, toca, todas, trabajar, trucos, vamos, ven

Palabras de uso frecuente

Nuevas: ayudar, hablar, pronto, se ríe(n) (reírse), terminar, trabajo

Enseñadas anteriormente: agua, al, comida, con, después, el, es, estoy, la, muy, no, nos, para, un, y

La caja de Aba
página 115

Palabras decodificables
Destreza clave: Sílabas cerradas con grupos de consonantes (patrón CCVC): disfraz, entran, frente, fresca, grande, gris, otras, pronto, sorprendida

Destrezas enseñadas anteriormente: Aba, al, alegría, bien, bonito, busque, caja, Carlos, chaleco, chamarras, comemos, con, cosas, crema, creo, de, día, dice, digo, disfraces, divertimos, el, ella, encuentra, enseña, espejo, este, estoy, excelente, exclama, exclamo, galletas, hacemos, hacer, hagamos, idea, jugar, la, las, le, leche, listones, llena, Mamá, me, montón, muchas, mucho(s), muñecas, muy, nos, otras, papel, para, pero, podemos, pone, poner, póntelo, pregunto, prueba, que, qué, queda, responde, ridículos, ríe, riéndose, ropa, saco, saltando, se, sí, sombrero(s), su, también, tenemos, tengo, tiene, todas, tomamos, un, una, va, vemos, verde, vestido, vuelvo, yo

Palabras de uso frecuente
Nuevas: papel, pronto, riéndose

Enseñadas anteriormente: al, bien, con, de, dice, el, en, estoy, hay, mucho, muy, nos, para, pregunto, qué, tengo, todas, un, una, va, y

Viajar en barco
página 123

Palabras decodificables
Destreza clave: Sílabas cerradas con grupos de consonantes (patrón CCVC): avanzar, blancas, gran, hombres, izquierda

Destrezas enseñadas anteriormente: ayudan, balsa, balsas, barco, bote, carga, chaleco, cines, comedores, cruzar, debes, derecha, deslizarse, diferente, dos, ellos, empujarla, enorme, espectacular, flotar, goma, gran, gusta, hombres, hora, irá, las, llegó, llevar, mano, moverse, ni, olas, otros, parecen, pasar, piscinas, plano, podrás, primero, protege, rápido, rema, remos, salvavidas, sólo, su, te, tela, tipos, usan, usar, velas, velero, ya

Palabras de uso frecuente
Nuevas: papel, pronto, trabajo

Enseñadas anteriormente: agua, al, con, de, divertido, el, en, es, hace, izquierda, luego, mar, muy, no, para, puedes, sobre, son, un, una, viajar, y

Hora de dormir

página 131

Palabras decodificables

Destreza clave: Palabras con pares de vocales
ae, **ea**, **ee**, **eo**, **oa** y **oe**: asea, cae, Cloe, creo,
Joaquín, koala, lee, leer, leerle, paseo, seas,
toalla, vea

Destrezas enseñadas anteriormente: abre,
alfombra, árbol, cama, cara, como, da, debes,
dice, dormido, dormir, entre, escaleras,
escucha, ganar, gusta, hora, imagina, ir, jugar,
lado, las, llega, mete, observa, ocho, papá,
payasa, que, regla, reloj, sabe, sacar, salir, se,
secarse, semana, solo, sube, subirse, termina,
tina, trata, trepa, ya

Palabras de uso frecuente

Nuevas: lava (lavar),
mamá, puerta, quiere/
quiero (querer), trata
(tratar), usa (usar)

Enseñadas anteriormente:
al, con, de, el, en, está,
la, leer, libro, no, para,
sobre, tiene, una, y

El paseo de Panqueque

página 139

Palabras decodificables

Destreza clave: Palabras con pares de vocales
ae, **ea**, **ee**, **eo**, **oa** y **oe**: Báez, Beatriz, caes,
Cloe, creer, creo, jadea, paseo, pelear, seas,
toalla, veo

Destrezas enseñadas anteriormente: acércate,
amanecer, atraparé, baja, barco, brinco,
cabra, colina, corren, dice, escapar, escucho,
estufa, gran, grande, hacen, lejos, levantan,
llega, lo, molino, necesita, ni, nunca, oveja,
pasando, ponen, pregunta, prisa, pronto,
regresa, responde, sale, sartén, se, secar,
sube, sudor, te, tontita, tras, usa, va, van, vas,
ve, velero, ven, zorro

Palabras de uso frecuente

Nuevas: más, puerta,
quieres (querer), usa
(usar), viejo

Enseñadas anteriormente:
al, amigo, bien, de,
después, el, la, mar, no,
para, pronto,
sobre, un, una, y

El paseo en velero
página 147

Palabras decodificables

Destreza clave: Palabras con pares de vocales **ae, ea, ee, eo, oa** y **oe:** cae, crear, creer, leer, leo, pasear, paseo, sean, toalla, veo

Destrezas enseñadas anteriormente: aire, al, así, baja(ndo), barco, bien, blanco, cerramos, color(es), como, con, dar, del, después, día(s), difícil, digo, distinto, dormir, el, en, entramos, es, esconde, ese, está, este, finalmente, fresco, gaviotas, gran, gusta, ha, hora, hoy, jugamos, la(s), le, libro, llama, llueve, los, luna, mamá, más, me, mi, mí, no, nombre, nos, nubes, pájaros, para, pasar, pide, pintar, pintura, podemos, por, puede, puerta, que, qué, quiere, quiero, roja, rosa, sale, salimos, salir, saludo, se, sol, su, tan, tantos, temprano, terminado, tiene, todo(s), un(a), usa, uso, vamos, velero, verde, viejo, y, yo

Palabras de uso frecuente

Nuevas: mamá, más, puerta, quiero, viejo

Enseñadas anteriormente: al, bien, color, con, de, después, el, en, es, está, gusta, hoy, leer, libro, mi, no, nos, para, pintar, qué, sol, todos, un, una, y

¡Cómo llueve!
página 155

Palabras decodificables

Destreza clave: Palabras con pares de vocales **ae**, **ea**, **ee**, **eo**, **oa** y **oe**: Andrea, Beatriz, cae(r), chapotear, creer, deseo, impermeables, Leandro, Leonardo, Loa, Melibea, oeste, paseo, sea, Timoteo, veo

Destrezas enseñadas anteriormente: a través, abrigo, acera, adentro, arco, así, asoma, bloques, botas, brincar, camina, caminan, camino, casa, charcos, como, cómo, crecer, cristal, da, decir, deja, deje, dibujo, dice, ellos, eso, flores, gotas, iris, jugar, las, llegarán, lleva, llover, llueve, lo, los, mamá, mano, moja, mojamos, necesitan, ni, niños, papá, pasa, perrito, pone, por, pronto, que, ~~q~~uedan, sale, salen, su, tras, ve

Palabras de uso frecuente

Nuevas: lava (lavar), mamá, puerta, quiere/quieren (querer), usa (usar), vieja

Enseñadas anteriormente: agua, al, con, de, divertido, el, en, hace, llueve, no, nos, para, pronto, sobre, sol, un, una, y